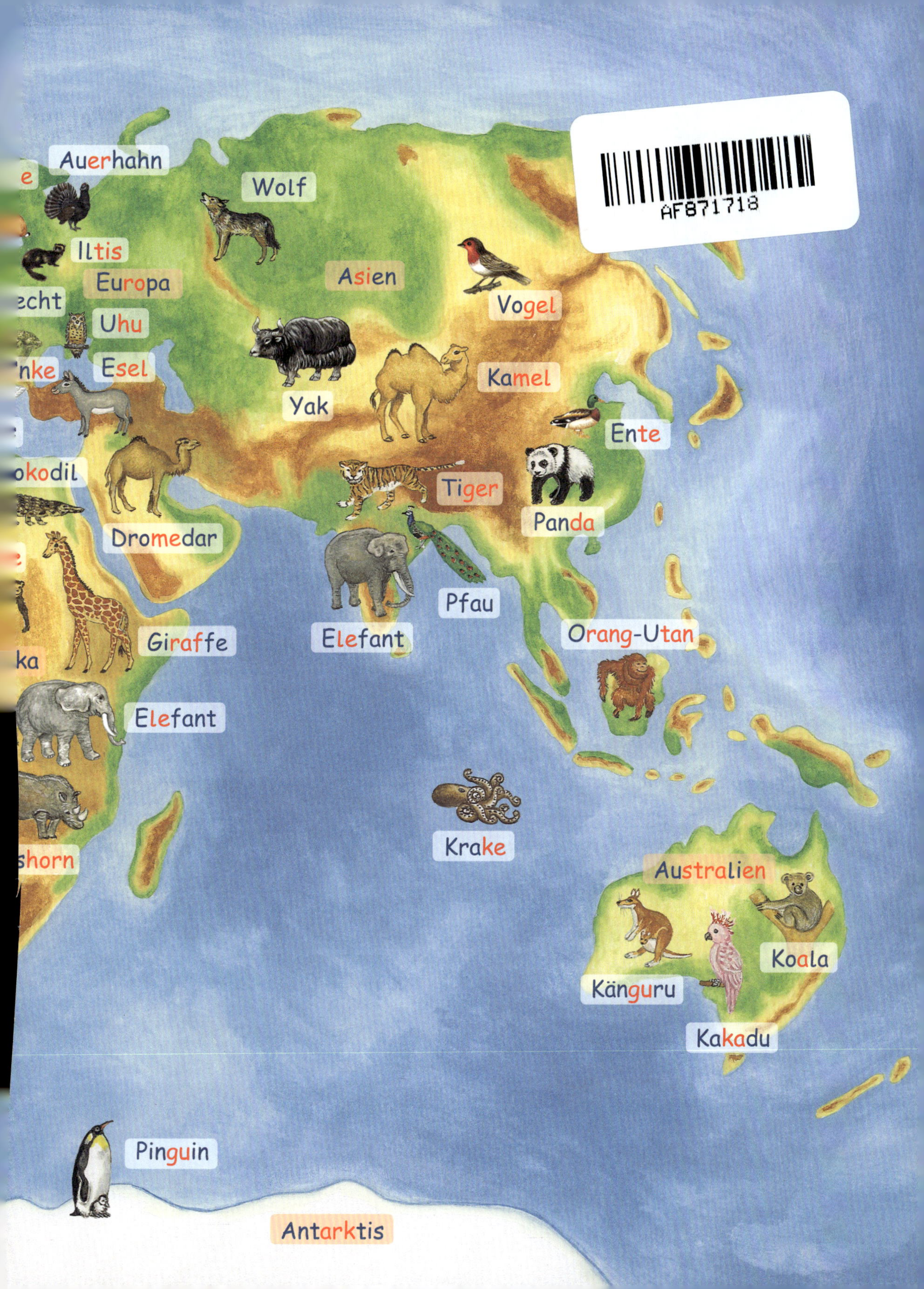

Auerhahn
Wolf
Iltis
Europa
Asien
Uhu
Vogel
Esel
Kamel
Yak
Ente
okodil
Tiger
Panda
Dromedar
Pfau
Giraffe
Elefant
Orang-Utan
ka
Elefant
Krake
shorn
Australien
Koala
Känguru
Kakadu
Pinguin
Antarktis

Konzeption

Die Tiergeschichten mit Mia und Mio bieten spannende und abwechslungsreiche Lesegeschichten mit dem farbigen Silbentrenner. Die Tiergeschichten sind ein ideales Lesefutter für starke und schwache Kinder in Klasse 1 und Klasse 2. Sie können gezielt und differenziert zur Förderung eingesetzt werden, weil sich von Band 1 bis Band 10 das Buchstabenrepertoire und die Textmenge mit jeder Geschichte vergrößert. Eine Übersicht über die verwendeten Buchstaben finden Sie jeweils auf der Umschlagrückseite.

Die Arbeitsblätter (Kopiervorlagen) ermöglichen zusätzliche Textarbeit. Die Tiergeschichten sind als Klassenbibliothek angelegt und eignen sich, dank der stabilen Verarbeitung, auch zur Mitnahme nach Hause.

Ausgangspunkt sind die Ankerbilder aus dem Lehrgang ABC der Tiere. Zu jedem Buchstaben bzw. Laut liegt eine Geschichte vor. Die Ankerbilder dienen zur Einführung von Buchstaben und Lauten. Bei der Auswahl der Ankerbilder war entscheidend, dass die Namen eine möglichst genaue Artikulation fördern und fordern oder die Laute eindrücklich symbolisiert werden.

Die Namen der Ankerbilder können auch sehr gut für das Silbenklatschen eingesetzt werden. Die Ankerbilder haben nicht die Funktion einer Anlauttabelle. Deshalb beginnen die Namen der Ankerbilder nicht in allen Fällen mit dem entsprechenden Buchstaben bzw. Laut. Die Reihenfolge der Einführung der Buchstaben und Laute orientiert sich an der Silbenfibel®. Dabei wurde auf zwei Punkte geachtet:

- Durch die Reihenfolge der Einführung werden Verwechslungen vermieden.
- Die Leseanfänger haben zu Beginn ein möglichst einfaches Buchstabenrepertoire. Erst mit steigender Leseleistung werden schwierigere Buchstaben und Laute eingeführt.

Die Tiergeschichten wurden so angelegt, dass jeweils nur das Buchstabenrepertoire verwendet wird, das bis zu einer bestimmten Silbenfibel®-Seite eingeführt ist. Die Tiergeschichten können gelesen werden:

	Allgemein-Ausgabe (1405-90)	Bayern-Ausgabe (1402-30)
Band 1	ab Seite 46/47	ab Seite 52/53
Band 2	ab Seite 48/49	ab Seite 54/55
Band 3	ab Seite 50/51	ab Seite 56/57
Band 4	ab Seite 52/53	ab Seite 58/59
Band 5	ab Seite 56/57	ab Seite 62/63
Band 6	ab Seite 60/61	ab Seite 68/69
Band 7	ab Seite 64/65	ab Seite 72/73
Band 8	ab Seite 68/69	ab Seite 76/77
Band 9	ab Seite 76/77	ab Seite 84/85
Band 10	ab Seite 80/81	ab Seite 88/89

Markieren die farbigen Silben die Worttrennung?

Die farbigen Silben zeigen die Sprech-Silben eines Wortes an. In den allermeisten Fällen ist das identisch mit der möglichen Worttrennung am Zeilenende. In erster Linie bei der Trennung einzelner Vokale (a, e, i, o, u; z.B. E-va, O-fen, Ra-di-o) gibt es einen Unterschied: Nach der aktuellen Rechtschreibung werden diese am Zeilenende nicht abgetrennt. Da diese Wörter aber mehrere Sprech-Silben haben, sind diese auch mit zwei Farben gekennzeichnet: Eva, Ofen, Radio.
Weitere Informationen zur Silbenmethode auf: www.abc-der-tiere.de

Bezugsmöglichkeiten

Alle Titel des Mildenberger Verlags erhalten Sie unter: www.mildenberger-verlag.de oder im Buchhandel. Jede Buchhandlung kann alle Titel direkt über den Mildenberger Verlag beziehen. Ausnahmen kann es bei Titeln mit Lösungen geben: Hinweise hierzu finden Sie in unserem aktuellen Gesamtprogramm.

Tiergeschichten mit Mia und Mio

Band 5

von
Bettina Erdmann

illustriert von
Ingrid Hecht

Mildenberger

Tiergeschichten mit Mia und Mio

Tiergeschichten mit Mia und Mio	*Bestell-Nr.*
Band 1: Affe, Elefant, Igel, Maus, Tiger, Wal	**1404-01**
Band 2: Delfin, Fisch, Gans, Kakadu, Schildkröte	**1404-02**
Band 3: Kröte, Löwe, Nashorn, Papagei, Pfau	**1404-03**
Band 4: Auerhahn, Hase, Kühe, Reh, Uhu	**1404-04**
Band 5: Bär, Eichhörnchen, Seepferdchen	**1404-05**
Band 6: Specht, Storch, Zebra	**1404-06**
Band 7: Känguru, Orang-Utan, Schlange	**1404-07**
Band 8: Eule, Jaguar, Katze	**1404-08**
Band 9: Qualle, Vogel, Yak	**1404-09**
Band 10: Boxer, Clown / Chamäleon	**1404-10**
Band 1 – 10, Komplettbezug	**1404-12**
Arbeitsblätter zu allen Geschichten, Lesepass, KVs, Spiralbindung	**1404- 11**
Stempel zum Lesepass	**1402-52**

Impressum

Bestell-Nr. 1404-05
ISBN 978-3-619-14405-1

Auflage 7 6 5 4

Jahr 2024 2023 2022 2021

www.mildenberger-verlag.de
E-Mail: info@mildenberger-verlag.de

Redaktion: Stefanie Drecktrah
Grafik: Mildenberger Verlag GmbH
Illustrationen: Ingrid Hecht, 30163 Hannover
Druck: optimal media GmbH, 17207 Röbel / Müritz

Gedruckt auf umweltfreundlichen Papieren

Inhalt

Das Seepferdchen

Mia und Mio sind im Hallenbad.
Sie haben gerade Schwimmkurs.
An diesem Tag wollen die Kinder
das ‚Seepferdchen' machen.
Dafür müssen sie schwimmen und tauchen.
Das Schwimmen hat sehr gut geklappt.
Nun müssen die Kinder noch tauchen.
Auf dem Boden des Schwimmbads liegt etwas,
das sie heraufholen müssen.
Mio hat es bereits geschafft.
Nun ist Mia dran.
Sie holt tief Luft und taucht.

Nach wenigen Sekunden ist sie wieder
an der Wasseroberfläche –
mit einem Plastikseepferdchen in der Hand.
Glücklich klettert Mia aus dem Wasser.
Sie haben es beide geschafft.
Der Schwimmlehrer überreicht ihnen
und den anderen Kindern das ‚Seepferdchen'.
Endlich!

Mama ist auch froh.
„Gut gemacht, ihr beiden", sagt sie.
„Seepferdchen sind wirklich süße Tierchen",
sagt Mia, als alle wieder daheim sind.
Sie betrachtet den Aufnäher,
den Mama ihr und ihrem Bruder bereits
auf die Badehosen genäht hat.

In diesem Augenblick kommt Opa.
Ihm wird natürlich sofort alles berichtet.
Die Badehosen mit den Seepferdchen
darf er auch gleich begutachten.
Opa lächelt.
Dann holt er ein großes Buch aus dem Regal.
Es heißt: „Die Welt unter Wasser“.
„Man sollte auch etwas über das Tier wissen,
das man auf der Badehose trägt“, sagt Opa.
Er schlägt die Seiten über Seepferdchen auf.
„Das Seepferdchen wird auch
‚Hippokampus‘ genannt“, beginnt Opa.
„Das ist griechisch und heißt Pferderaupe“,
erklärt er.
Mia lacht.

„Es sieht wirklich so aus“, meint sie.
„Ein bisschen wie ein Pferd
und ein bisschen wie eine Raupe.“
„Seepferdchen sind eigentlich Fische.
Sie gehören der Familie
der schuppenlosen Knochenfische an.
Ihre Haut ist mit Knochenplatten belegt“,
liest Opa weiter.

Mio betrachtet die Bilder in dem Buch.
Dasselbe Seepferdchen ist dreimal abgebildet,
aber in unterschiedlichen Farben.

„Kann es die Farbe wechseln?“,
fragt er seinen Opa.
„Genau. Es tarnt sich, das heißt,
es passt seine Farbe dem Untergrund an,
auf dem es sich befindet.“
Das ist ein Trick.
So können es Feinde schlechter sehen.
Mia betrachtet das Seepferdchen genauer.
Das Tier sieht wirklich außergewöhnlich aus.
Es hat ein röhrenförmiges Maul,
das wie eine Trompete aussieht.
„Damit saugt es das Futter ein“,
sagt Opa.

„Seepferdchen schwimmen aufrecht.
Sie schlagen die kleine Rückenflosse
und die Brustflossen wellenförmig hin und her.
Dabei können sie auch rückwärts
und seitwärts schwimmen.
Ihr Körper bleibt dabei immer aufrecht“,
liest Mio laut.
„Deshalb haben wir also das Seepferdchen
und nicht den Fisch auf unserer Badehose!“,
ruft Mia.

„Aber nun kommt etwas wirklich Besonderes“,
sagt Opa. „Ihr werdet es mir kaum glauben.“
„Und was?“, fragen die Kinder.

Ungeduldig warten sie auf eine Antwort.
„Bei den Seepferdchen bekommen die Papas die Kinder, nicht die Mamas!“

Mio und Mia schauen ihren Opa mit großen Augen an.
Dass männliche Lebewesen Nachwuchs bekommen, das haben sie wirklich noch nie gehört.
Das wollen Mia und Mio nun genauer wissen.
Opa erklärt:
„Die männlichen Tiere haben eine Bruttasche am Bauch.
Da hinein legt das Weibchen die Eier.

Das Männchen befruchtet sie und brütet sie aus.
Nach etwa einem Monat
schlüpfen die kleinen Seepferdchen heraus."
Mia blättert im Buch.
Und tatsächlich:
Man kann ein Seepferdchen-Männchen
mit Bruttasche sehen.
Die Kinder sind sehr beeindruckt.

An diesem Abend kann Mio schwer einschlafen.
Er muss immer an die Seepferdchen denken.
Dass aus dem Bauch der Seepferdchenpapas
die kleinen Kinder kommen,
das findet er schon sehr sonderbar.
Wenn das bei den Menschen
auch so wäre ...

Das sorglose Eichhörnchen

Es ist ein Sonntag im Winter.
Mia und Mio machen mit ihren Eltern
einen Ausflug im Wald.
„Schaut, da ist ein Eichhörnchen!“, ruft Mia.
„Ist das aber süß!“
„Komisch, es rennt immer hin und her,
als ob es etwas suchen würde“,
sagt Mio überrascht.

„Das gibt es doch nicht!“, schimpft Oskar.
Das Eichhörnchen ist total durcheinander.
„Ich bin mir sicher, dass ich mein Futter
genau hier eingegraben habe.
Und nun kann ich es nicht mehr finden.“
Oskar kann sich das alles nicht erklären.
Er hatte im Herbst fleißig Bucheckern, Nüsse,
Samen und Früchte gesammelt.
Dann suchte er sich sichere Orte
für seine Kostbarkeiten.
Außerdem hatte er genau dort
Brotreste und ein paar Kekse eingegraben,
die Wanderer achtlos liegen ließen.

Dabei merkte er sich genau, wo das war:
Nach der großen Tanne
achtmal geradeaus hüpfen,
dann scharf rechts, drei Tannen weiter.
Danach fünf Hüpfer nach links,
und dann schließlich, hinter dem dritten Baum,
da hat er die Köstlichkeiten eingebuddelt.
Und nun sind sie nicht mehr da.
Das ist wirklich sehr ärgerlich!

„Oskar, kommst du endlich?“,
fiept es hinter ihm.
Es ist seine große Schwester Toni.
„Das Kletterturnier beginnt in ein paar Minuten,
und du rennst noch hier herum!“, schimpft sie.
„Was machst du denn?“

„Ich habe noch nicht einmal Mittag gegessen“,
klagt Oskar.
„So habe ich keine Kraft für das Turnier.“
Da bemerkt Oskar einen Fuchs,
der um einen Baum herumschleicht.

„Kann ich dir irgendwie helfen?“, fragt er.
„Ich finde mein Futter nicht mehr!“,
antwortet das Eichhörnchen.
„Hast du denn sonst keines mehr?“,
fragt der Fuchs scheinheilig.
„Doch, doch. Da hinten,
gleich neben dem großen Busch,
da ist auch ein geheimer Ort mit Leckereien.
Aber nun muss ich los,
die anderen warten schon auf mich.“

Mit knurrendem Magen
macht sich Oskar auf den Weg.
Bei dem Turnier schneidet er nicht gut ab.
Als es darum geht,
wer am weitesten hüpfen kann,
erreicht Oskar nur mit Mühe und Not
den nächsten Ast.
Beinahe wäre er heruntergefallen.

Beim Wettklettern, die große Eiche hinauf,
sind die anderen Tiere flinker als er.
Klar, sie sind schließlich auch bei Kräften.
Nach dem Turnier hastet Oskar sofort los.
Er hat nun wirklich einen Riesenappetit.
Gut gelaunt denkt er an die Köstlichkeiten,
die er gleich ausbuddeln wird.

Doch, oh Schreck, was muss er sehen?
Ein frisch gebuddeltes, aber leeres Loch.
Das darf doch nicht wahr sein!
Was ist denn nun schon wieder passiert?
Da bemerkt das Eichhörnchen den Fuchs.
Er schaut so merkwürdig schadenfroh.
„Was grinst du so?“, fragt Oskar.
„Och, es ist nichts“, lügt der Fuchs.
„Findest du dein Futter wieder nicht?
Sag mir doch, wo du sonst noch welches hast.
Ich helfe dir suchen“, sagt der listige Fuchs.
In diesem Augenblick wird Oskar klar,
was geschehen ist.

„Du hast mein Futter geklaut!“, ruft er entrüstet.
„Wenn du so dumm bist und mir sagst,
wo du es hingetan hast“,
rechtfertigt sich der Fuchs sofort.
„Ein paar Nüsse liegen noch unter dem Busch,
den Rest habe ich gefressen.“
„Und woher wusstest du,
wo die Brotreste und Kekse sind?“, fragt Oskar.
„Ich konnte dich hinter dem Felsen nicht sehen.
Aber du hast so laut mit dir selbst geredet,
dass ich genau wusste, wo das Futter ist“,
antwortet der Fuchs.
„Gleich am darauffolgenden Tag
habe ich alles ausgebuddelt
und mich genüsslich darüber hergemacht.“

Da bemerkt Oskar seine Schwester Toni.
Sie hockt über ihm auf einem Ast
und hat alles mitangehört.
„Oskar, du solltest nicht so leichtsinnig sein.
Ein wenig Misstrauen schadet nicht.
Und merke dir:
Dem Fuchs darfst du nie über den Weg trauen!
Komm, ich teile mein Futter mit dir.
Ich habe genug gelagert,
und außer mir kennt niemand den Ort.
Lass uns ein Festessen abhalten!“

„Danke“, sagt Oskar.
Er ist sehr froh über das Angebot.
Und mit dem Fuchs redet er kein Wort mehr,
hat er beschlossen.

Mia und Mio sind begeistert.
Sie haben Eichhörnchen gesehen,
die auf den Ästen herumhüpfen.
Ein Fuchs schlich durch die Büsche.
Und nun beobachten sie Eichhörnchen,
wie sie Nüsse, Bucheckern und Früchte
in ihren Pfoten halten und eifrig knabbern.
„Denen schmeckt's aber", sagt Mia.
„Guten Appetit, ihr Eichhörnchen!"

Ein gefährlicher Ausflug

Mia und Mio übernachten über
das Wochenende bei Tante Gabi.
„Dürfen wir im Bett noch lesen?“, fragen sie.
„Also gut, aber nur noch ein paar Minuten“,
antwortet Tante Gabi.
Mio holt sein großes Geschichtenbuch
aus dem Regal.

„Du bist dran mit lesen“, sagt Mia.
„Ich weiß“, sagt Mio.
Er wählt aus dem dicken Buch
eine Geschichte über Bären in Kanada aus.
Sie heißt: „Ein gefährlicher Ausflug“.

„Nun aber los, Kinder!“, ruft Papa Bär
und winkt den Kindern mit seiner Pranke.
„Wir müssen uns beeilen,
wenn wir noch bei Tageslicht
unten am Fluss ankommen wollen.“
Mama und Papa Bär machen sich Sorgen.
Seit Tagen gibt es kaum noch Lachse im Fluss.
Sie wollen nun flussabwärts ins Tal gehen.
Dort hoffen sie auf fette Fische.
Die beiden Bärenkinder Sam und Pom
sind nicht gerade begeistert.
„Das dauert ewig, und laufen macht überhaupt
keine Laune“, murren sie.
Doch es hilft alles nichts.
Die Bärenfamilie macht sich auf den Weg.

Nach einer Weile meint Sam:
„Du, Pom, sollen wir uns abseilen?
Ich wüsste etwas Besseres,
als nur hinter Mama und Papa hertrotten“,
flüstert er seinem Bruder ins Ohr.
„Prima Idee!“, antwortet sein Bruder sofort.
Die beiden Bären warten hinter einem Busch,
bis ihre Eltern außer Sichtweite sind.

Pom hat nun doch etwas Bedenken.
„Was, wenn wir Mama und Papa nicht mehr
wiederfinden?“, fragt er unsicher.
„Papperlapapp, wir wissen doch, wo sie sind.
Und der Weg geht immer flussabwärts“,
entgegnet sein Bruder.
Die Bärenkinder planschen eine Weile im Fluss.
Herrlich, das frische, kühle Gebirgswasser!

„Lass uns in den Wald gehen!“,
sagt Sam nach einer Weile.
„Aber du weißt schon,
dass wir das eigentlich nicht dürfen?
Mama und Papa warnen uns doch immer.
Im Wald könnten wir Menschen begegnen,
und das kann gefährlich sein“, entgegnet Pom.
„Ach, was soll schon passieren“, sagt Sam.
Also machen sich die Bärenkinder auf den Weg.
„Pom, riechst du das auch?“,
fragt Sam aufgeregt, als sie im Wald sind.
„Das duftet herrlich! Was ist das?“
Auch Pom kann einen leckeren Duft wittern.
Und schon haben die Bärenkinder gefunden,
was da so gut riecht:

Auf einem Tisch liegen Rucksäcke,
aus denen es herrlich duftet.
Mit seiner Nase wühlt Sam in einem Rucksack,
der nicht geschlossen ist.
Er findet Wurst, Käse, Brot und Kuchen.
Gerade als sich die beiden Bären
über die Köstlichkeiten hermachen wollen,
nähern sich Menschen.
Es sind die Wanderer,
denen die Rucksäcke gehören.

„Da sind Menschen!“, ruft Pom erschrocken.
„Lass uns schnell abhauen!“
Einer der Wanderer trägt etwas Metallenes
um die Schulter.
Es sieht aus wie ein Rohr.
Auf einmal hören die Bärenkinder lautes Brüllen.
Ihre Eltern sind hier.
Dann geht alles sehr schnell.
„Kommt sofort her, Kinder!“,
brüllen Mama und Papa Bär.
Sie sind sehr aufgeregt.
Die Kinder gehorchen sofort,
und nach wenigen Sekunden
haben alle Bären das Weite gesucht.
Die Wanderer übrigens auch.

„Das war knapp“, sagt Mama Bär außer Atem,
als die Familie in Sicherheit ist.
„Die Menschen hatten ein Gewehr!“, sagt sie.
„Ein Gewehr?“, fragen die Kinder.
„Was ist das?“
„Damit können die Menschen Bären töten“,
erklärt Papa seinen Söhnen.
„Das tun sie, wenn sie sich bedroht fühlen.“
„Nicht alle Menschen schießen auf Bären,
aber manche schon.“

Sam und Pom schauen mit großen Bärenaugen.
Sie waren sich der Gefahr nicht bewusst.
„Nun ist uns auch klar,
warum wir den Menschen besser
aus dem Weg gehen sollten“,
sagen sie schuldbewusst.
„Das Essen roch aber so gut“,
meint Pom sehnsüchtig.
„Bis ins Tal schaffen wir es nun nicht mehr.
Es wird schon bald dunkel“, sagt Mama Bär.
„Gott sei Dank habt ihr uns gerettet, danke!“,
sagen Sam und Pom erleichtert.
Die Bärenfamilie sucht bei den nahen Felsen
einen sicheren Ort für die Nacht.

„Na, das hätte aber auch schiefgehen können“,
sagt Mia, als Mio mit der Geschichte fertig ist.
„Aber ich wusste schon,
dass Bären so gute Nasen haben,
dass sie Essbares riechen können,
auch wenn es sehr weit entfernt ist.“

„Und ich habe so gute Ohren, dass ich höre,
wenn ihr noch redet“, lacht Tante Gabi.
Sie hat wohl alles mitangehört.
Die Kinder haben sie gar nicht bemerkt.
„Nun aber Gute Nacht, ihr beiden!“, sagt sie.

Übersicht der Ankerbilder zu den verwendeten Lauten

A a

Affe

Au au

Auerhahn

Ä ä

Känguru

B b

Bär

ch

Katze (fauchen)

D d

Delfin

E e

Elefant

Ei ei

Eichhörnchen

F f

Fisch

G g

Gans

H h

Hase

I i

Igel

K k

Kakadu

L l

Löwe

M m

Maus

N n

Nashorn

O o

Orang-Utan

Ö ö

Kröte

Übersicht der Ankerbilder zu den verwendeten Lauten

P p

Papagei

Pf pf

Pfau

R r

Reh

S s

Seepferdchen

Sch sch

Schildkröte

T t

Tiger

U u

Uhu

Ü ü

Kühe

W w

Wal

Weitere Texte mit Silbentrenner

978-3-619-14340-5

978-3-619-14341-2

978-3-619-14342-9

978-3-619-14346-7

978-3-619-14348-1

978-3-619-14343-6

978-3-619-14344-3

978-3-619-14345-0

978-3-619-14347-4

978-3-619-14349-8

www.mildenberger-verlag.de/320

978-3-619-04440-5

978-3-619-04441-2

978-3-619-04442-9

978-3-619-04443-6

978-3-619-04444-3

978-3-619-04445-0

978-3-619-04446-7

978-3-619-04447-4

978-3-619-04448-1

978-3-619-04449-8

www.mildenberger-verlag.de/321

978-3-619-14101-2

978-3-619-14102-9

978-3-619-14103-6

978-3-619-14104-3

978-3-619-14105-0

978-3-619-14106-7

www.mildenberger-verlag.de/535

Lachs
Eisbär
Kühe
Bär
Eule
Nordamerika
Seehund
Maus
Otter
Eichhörnchen
Katze
Wal (Orka)
Igel
Reh
Qualle
Pony
Boxer
Chamäleon
Delfin
Seepferdchen
Storch
Zebra
Schildkröte
Papagei
Schlange
Kröte
Lö
Ameise
Jaguar
Südamerika
Lama
N
W
O
S
Pottwal